Inspiración
(Volumen III)

Hermosos versos
de amor y dolor

Germán Toledo

Books

Editors: Francisco Fernández and Heidie Germán
Managing Editor:Manuel Alemán
Designer: Brian Babineau

Published in the United States by CBH Books.
CBH Books is a division of Cambridge BrickHouse, Inc.

Cambridge BrickHouse, Inc.
60 Island Street
Lawrence, MA 01840
U.S.A.

First Edition
Printed in Canada
10 9 8 7 6 5 4 3 2 1

Library of Congress Cataloging-in-Publication Data

Toledo, German, 1945-
  Inspiración Volumen III : Hermosos versos de amor y dolor (poemas) /
German Toledo. -- 1. ed.
     p. cm.
  ISBN 978-1-59835-072-2 (alk. paper)
  I. Title.

  PQ7499.2.T66I65 2008
  861'.7--dc22

2008014962

Dedicatoria

Al creador del universo
por el regalo que me dio
cuando la poesía en mí, nació

A mi Madre, dirección en el caminar de mi vida;
a mi gran familia, que es la razón de mi alegría

A la poetisa Cristina Stanghelline
quien con la sutileza de su prólogo
agiganta la imagen de este humilde servidor

A todos aquellos, quienes con su sabiduría
hacen crecer mis versos

A los que en su paso por la vida
con sus alegrías, dichas, tristezas, dolores
y grandes melancolías han inspirado a mi ser
para entregarles Inspiración Volumen III,
que cierra mi trilogía

Y como siempre, a mi casa editorial CBH Books
la cuna que me vio nacer
y me ha visto crecer como poeta y escritor

A todos muchas gracias

German Toledo

Índice

PRÓLOGO

Con muchos aciertos, nuestro amigo Germán Toledo lanza al mundo esta nueva producción para satisfacción de todos, especialmente los que gustan de la poesía.

Sus versos, cuya estética está impregnada de un aire romántico, describen con gran sensibilidad las vivencias cotidianas, la familia, las relaciones rotas y las amistades valiosas y bien cultivadas.

El poeta se sumerge en el pasado y el presente, en el sueño y en la realidad donde es protagonista de su nostalgia, de sus angustias, de sus añoranzas, de la esperanza y de la libertad.

Sus versos nacen como un deseo de liberación, de desahogo.

En resumen, su poesía propone una exploración del yo último, donde el amor es el tema vital.

Celebremos este nuevo poemario de Germán Toledo cuyo vivo interés de constante lucha en este difícil y complejo mundo de las letras, aún no ha terminado…

Cristina Stanghellini

INTRODUCCIÓN

Escribir versos es hermoso, pero más hermoso es si estos invitan a la reflexión y enderezan el camino a más de un descarriado corazón. Versos que llevan la sana intención de dar luz a la mente y un camino sano a la razón. Es decir, escribir versos de amor que alivien el dolor o versos de alegría que le sirvan a tu vida de guía.

Hoy, pues, mi intención es llegar a cada uno de ustedes; y si lo escrito se asemeja a sus vidas, aprovechen el consejo: tomen lo bueno que pueda tener y a lo malo deséchenlo en el bote de los malos recuerdos del ayer.

Y qué bueno para aquellos a los que la dicha les sonría, para quienes mis versos sean inspiradores de alegría; o un consuelo para aquellos cuyo corazón llora de amargura y dolor, para los que están al borde de la locura. Ellos tienen que saber que siempre hay un nuevo amanecer. Si hoy todo es oscuridad, mañana saldrá el sol y todo lo verán con claridad.

Así que, amigo lector, aquí pongo en tus manos mis versos, los que hago con amor.

Germán Toledo

INSPIRACIÓN

Inspiración que brotas de mi ser
que, cuando llegas, mi interior haces crecer
permitiéndome sentir un río del querer
y que la vida en rosa, día a día pueda ver.

Así veo un cielo hermoso
que a todo ser le da reposo.
O un inmenso mar en calma
que le da tranquilidad al alma.

Me haces ver en cada noche
de cuánto amor se hace derroche.
Y en cada despertar,
la necesidad del cuerpo por amar.

Eres, inspiración, parte de mi corazón.
Sin ti ya hubiese de mi vida perdido la razón,
porque tú sacas de mi interior
la alegría o las huellas del dolor.

DENTRO DE MÍ

¿Tú no sabes lo que estoy sintiendo aquí,
cuando vuela tu ser dentro de mí
y estragas mi cuerpo al quererte
y siento el innegable miedo a perderte?

Porque yo sí sé querer
y te regocijas al verme perder.
Yo te tengo en mi mente en cada amanecer
y, al levantarme, siento de ti las gotas del placer.

¿Por qué presiento que tu amor se acabó
y dejarme solo a ti no te importó?
Hoy agobiado estoy bajo la tempestad y la tormenta,
soledad ingrata que a mi ser atormenta.

Pero tú eres feliz con verme sufrir,
aunque por dolor, mi vida, tenga que partir
dejándote libre para que tú puedas vivir
y, por tu desamor, mil veces tenga que morir.

Y si en el camino encuentras un nuevo porvenir
yo estaré tranquilo al verte sonreír,
ya que es tan inmenso mi amor por ti
que llevaré tu sonrisa muy dentro de mí.

LA LLAMA DE LA ESPERANZA

¿Quién eres tú, señora Esperanza,
que la vida iluminas y me llenas de añoranza
y a caminar por la vida tu fulgor me lanza?

Esperanza, que por las venas llegas al corazón
y llenas nuestro sendero de ilusión,
dándole a nuestra mente la dicha y la razón.

Porque la vida de Esperanza llena está
y, mientras tú estés, una luz existirá
que a todo ser humano la vida alumbrará.

Esperanza, eterna compañera de mi vida:
contigo la ilusión nunca estará perdida
porque, en mi razón, tu llama es vela encendida
que se apagará el día
en que diga adiós la vida mía,
quedando mi Esperanza en la tumba fría.

EL TIEMPO

Al hacer un análisis del tiempo,
detenerlo quisiera por un momento
y averiguar por qué a la tranquilidad se la lleva el viento
y al ser humano se le ve más descontento,
convirtiendo su vida en un constante lamento.

Yo quisiera saber por qué al que nada tiene, menos le viene.
Y por qué al que más le llega, inconforme, más quiere
y ahogado entre su riqueza muere.

O saber por qué aquel que vive en la tormenta,
siempre llevando una vida violenta
de la que en todo momento se lamenta,
tiempo no tiene de que su alma se arrepienta.

Por eso, cómo quisiera, tiempo, detenerte
antes de que a mí llegue la muerte
para corregir lo que no podré cuando esté inerte;
y así, cambio deseado, antes de irme, poder verte.

SEÑOR AMOR

Cuántas cosas quisiera decirte del amor,
del amor inquietante de una mujer,
del amor de madre que te vio crecer,
dejándote bellos recuerdos del ayer.

De un amor loco que no te deja reposo;
de un amor del pasado
que te mantiene amargado;
o de un amor entregado al ser amado.

Así que el amor es un sentimiento hermoso
que debes disfrutar en la felicidad,
como también en la adversidad,
ya que es una gran necesidad.

Hay que guardar recuerdos buenos
de los momentos felices que nos han dejado llenos
de ese amor que ya se ha perdido
y no amargarse porque te ha dejado en el olvido.

Recordemos que el amor es hermoso
y que, bueno o malo, te duerme en su rebozo
para que al despertar,
te den ganas de volver a amar.

DESPIERTA

¿Sabes en quiénes desapareció la conciencia?,
fueron acaso aquellos que todo lo ven con indiferencia
o los altos jefes que, por su ineficiencia,
dejaron a sus pueblos sumidos en la inconciencia.

Son acaso seres que la conciencia perdieron
sin importarles que sus semejantes sufriendo murieron,
y no pensaron que ellos sus bolsillos enriquecieron
y ni una buena sepultura les dieron.

Yo abogo porque les vuelva la conciencia
y ya no nos engañen con su humilde apariencia
porque es hermoso, con una sonrisa, comprar votos
y que así, engañados, caigan los devotos.

Hay que despertar, ya no estamos en tiempos remotos
en que, con pan y leche, compraban los bolsillos rotos
y se aprovechaba de los pobres el hambre
para quedarse con las mieles del enjambre.

ME HACES SENTIR BIEN

Yo tengo una linda hija
que, en las noches frías, mi cielo cobija.
Cuando me dice "papi" siento su querer
que tan bien hace sentir a mi ser.

Y sepan que no la engendré
pero por toda la vida la amaré.
Y al escuchar su susurro en mi oído,
yo hacia la vida me siento agradecido.

Por ser padre de ese ser tan querido
que nunca me ha dejado en el olvido.
Porque ella es parte de mí
y a su lado con su amor crecí.

DEUDA PENDIENTE

Me pregunto quién está dentro de mí.
¿Será acaso un amor pasado que quedó amargado,
que no me deja en las noches dormir
y me quita de la vida el sonreír?

El que penetró en este mundo muy mío,
debe de ser alguien muy querido
que ha dejado a mi ser partido,
queriendo que yo deje todo en el olvido.

Pero esas sombras me arrebatan
los bellos recuerdos que me atan,
y no me dejan recordar
los momentos hermosos de amar.

Entonces, ¿quién en mi vida está
hoy cuando la vida se me va
y que mi recuerdo bloquea
para que al ser que amo yo no vea?

Por favor, ya sal de mi interior
y déjame vivir el verdadero amor.
Si en algo yo te mentí o te ofendí,
perdóname y aléjate de mí.

Dame la oportunidad de arrepentirme
para así tranquilo poder irme.
No quieras que yo vaya tras de ti,
que de otro ser soy desde el día en que nací.

AMOR PERDIDO

Cuando tanto y tanto se ama,
también una lágrima se derrama.
Porque la entrega completa feliz te hace,
o a tu corazón en pedazos lo deshace.

Ya que hay momentos de amargura,
que de dolor te llevan a la locura,
ten cuidado con el amor y el espejismo,
pues te pueden lanzar al negro abismo.

Existen buenos amores
que no te llevarán a vivir horrores.
Así hay otros que acabarán con tu vida
y en el limbo quedará perdida.

Controla, pues, tus impulsos
y, de lo bueno que tengas, dalo medido
para que nunca te sientas en las sombras perdido
y te arrepientas de haber caído en el olvido.

Cuando tu vida quede convertida en un lamento
y al voltear veas lo que se llevó el viento,
no sientas pues, tu vida llena de escombros,
porque sentirás la muerte y el peso sobre tus hombros.

NÁUFRAGO

Allá en un barco, a punto de naufragar en la tormenta,
se encuentra en un rincón un padre que llora y se
atormenta.
Todo su ser se estremece y se lamenta
al pensar que la muerte está llegando lenta.

En esos instantes también le llegan momentos tristes
de una vida de maltratos que lo hace llorar a ratos.
También le llegan los momentos felices,
recordando sonreír a sus hijos en la tierra de sus raíces.

Y, en su pobreza, ve la vida llena de matices
en la lucha constante por no verlos infelices.
Entonces, ¿fue buena la decisión
al dejarlos y romperse el corazón?

¿Acaso fue la necesidad y el hambre
que en su mundo se han convertido en un enjambre?
La solución, viajar a Norteamérica para darles una vida mejor
y, con su trabajo, solventarles la vida con amor.

Pero allí ha quedado ese deseo frustrado
que con la pobre vida de ese hombre ha acabado.
Que ese sacrificio no sea en vano
y le sirva de ejemplo a todo ser humano.

Recuerde aquel que viajar quiere
que también en busca de la libertad se muere
y que el costo es demasiado elevado
cuando huérfano queda el hijo amado.

DÉJATE QUERER

¡Cómo quisiera que te dejaras querer!,
pues le harías tanto bien a mi ser.
Y así, juntos, bella la vida poder ver
y sentir que tenemos un nuevo amanecer.

Quisiera contigo conocer el paraíso.
Se dice que es belleza de hermoso hechizo
donde reina la tranquilidad y la calma
y le da regocijo a la tempestad del alma.

Y olvidar el dolor que en nuestra vida existe
que de tristeza al alma la viste.
En el paraíso, de la mano, contigo quisiera caminar
para así la unión de nuestras almas poder alcanzar.

Para ser feliz un mañana
y olvidar el dolor que se derrama;
sentir la felicidad como una llama
y ser felices por estar con el ser que se ama.

CÓMO NO ME DI CUENTA ANTES

¿Por qué no me había dado cuenta de que existía un
hermoso cielo?
Y que algunas de sus noches frías son de hielo.
Y otras, su claridad nos abarca
y nos hace sentir que navegamos en una preciosa barca.

Y que existen algunas noches de estrellas brillantes
que relumbran cual si fueran diamantes.
Mi bello cielo, es precioso ver que la lluvia de allí viene
y las caricias de sus gotas nadie detiene.

Porque son tantas las sensaciones que provocas
que nacen versos y haces ver bellas las rocas.
Hoy, después de haberme dado cuenta que existías,
siento que tus noches son muy mías.

Y que me acaricias en la noche, como al amanecer el día,
colmando de alegría toda la vida mía.
Y es que es tan hermoso tu firmamento que mío lo siento,
y no haberme dado cuenta antes, mucho lo lamento.

LA BANCA DE LA ESTACIÓN

Aquí te estoy esperando, en la banca de la estación,
con el alma llena de ilusión.
Y sé que lo que estamos por hacer no es bueno,
pero el corazón de ti lo tengo lleno.

Y mientras pasa el tiempo, tengo miedo de perderte,
que te arrepientas y ya no poder verte.
Yo también siento que el dolor, la conciencia me despierta
y la soledad deja a mi esperanza muerta.

Sé que tú también sientes lo mismo
y miedo tienes de convertir nuestras vidas en un abismo,
al hacer a otros sufrir por nuestro egoísmo
y que, al huir juntos, se forme un cataclismo.

Y sé que tu amor de madre tan intenso es
que por ellos con ese que no amas a su lado estás.
Pero no te preocupes por mi dolor
que es producto de mi gran amor.

Este ha sido solo un hermoso sueño
porque sé que hace mucho tienes dueño.
Y te prefiero al lado de tus cachorros,
aunque de tristeza mi llanto se vierta a chorros.

Porque sé que yo te amo
y verte tranquila a Dios le clamo.
Si algún día me necesita tu roto corazón,
allí estaré sentado, esperándote en la banca de la estación.

POSITIVO AL AMANECER

Hay tristes amaneceres en que las penas nos acongojan
y de tristeza las rosas sus pétalos deshojan.
Días en que la amargura es tediosa
y nuestra mañana deja de ser hermosa.

Allí viene la pregunta:
¿Por qué no dejar los tormentos y las penas para después?
Revertir las cosas malas,
cambiar nuestro dolor por alegría
y nuestras penas por gran sabiduría.

Recordemos que nuestra mente es tan poderosa
que para ella transformar no es la gran cosa.
Así que imaginemos que es bello nuestro día
y lo veremos convertido en pura poesía.

Porque ese hermoso don,
que Dios nos regaló con razón,
nos permite ver brillar nuestro amanecer
y, tranquilos, reposar al anochecer.

TU ALIENTO

Mira que la vida curiosa es:
te enamoras y muchas veces no lo ves.
Y yo, que en un cuarto de hotel te conocí,
nunca imaginé lo que iba a ser de mí.

Conversando supe que tu existencia de penas llena estaba
y la necesidad a esta clase de vida te lanzaba.
En ese momento fue cuando comprendí
que yo allí te conocí y me enamoré de ti.

Porque fueron tantos tus sufrimientos
que aún escucho tus lamentos;
y sé que tu sonrisa es solo una mascarada
para cubrir los dolores de tu vida pasada.

Y ha sido tanto tu dolor
que quise cambiar tu vida con mi amor.
Hoy no me arrepiento,
porque me das vida con tu aliento.

Hoy, que para nosotros el amor es alimento,
amarnos debemos en todo momento.
Y ha quedado borrada la huella del pasado
porque de ti eternamente estaré enamorado.

RECOMPENSA DE AMOR

Siento que mi vida ha estado llena de pasión,
que ha hecho feliz a más de un corazón.
También con eso yo feliz he sido
y sé que no he quedado en el olvido.

De lo poco bueno que yo he dado,
la vida el doble me ha recompensado.
Tal vez por eso no he sentido el dolor del karma
y siento regocijo y felicidad en la profundidad de mi alma.

De todos he recibido cosas buenas:
me han dado felicidad a manos llenas.
Se me ha entregado alma y corazón,
por lo que devuelvo de mi vida la pasión.

A todos esos seres las gracias les doy.
Y el día que yo sepa que me voy,
desde el lugar donde me encuentre,
agradecido les estaré por siempre.

LA PAREJA IDEAL

Yo quiero tenerte siempre conmigo
porque yo estaré siempre contigo
como tu amante y tu mejor amigo.
Nunca quiero perderte, ni a un paso de la muerte.

Ya que nuestro amor es tan maravilloso,
que casarnos fue lo más hermoso,
y desde que te convertiste en mi esposa,
has hecho de nuestro hogar una hermosa rosa.

Porque el ejemplo que a nuestros hijos damos con amor
es producto de la ternura que da tu calor.
Tú eres quien todo lo da
y a mi corazón lo enciendes como una llamarada.

Cómo anhelo que nuestro amor sea el ejemplo
de muchas parejas que viven en un tormento
y no piensan que el amor es el alimento
que enriquece al ser humano en todo momento;
y hacen de su vida una locura,
llenándola de dolor y de amargura.

Piensa: el amor es una flor que se cultiva
para mantener el calor de esa llama siempre viva.

TU VENGANZA

Tú, que tantas veces inspiraste a mi ser,
no comprendo cómo no te dejas ver
y saboreas tu venganza en cada amanecer,
sabiendo que por ti muero al anochecer.

Si algún día por error yo tropecé,
con días de amargura los pagué,
porque sufro desde que tu amor se fue.
Lo perdí y nunca más lo recuperé.

Tú bien sabes que mi amor allí está
y ese sentimiento por ti nunca acabará.
Porque has sido la fuente de mi inspiración,
aunque tu proceder me destroce el corazón.

Y si vengarte de mí te hace feliz,
a Dios le pido nunca seas infeliz.
Y que el daño que me haces sabiendo que te amo
no destroce tu vida por las lágrimas que derramo.

CORRIENDO NO SE LLEGA

Tanto y tanto en la vida se trota
que nuestro vivir constantemente se alborota.
Por eso, detengamos nuestro correr
porque en la vida hay mucho que perder.

Tomemos nuestra vida con calma
y así le daremos un relax al alma.
Pensemos que nuestra vida es tan solo un minuto
y si no la aprovechamos, vestiremos nuestra conciencia de luto.

Por no frenar nuestra carrera en su momento,
viviremos en un constante tormento.
Y de qué sirve decir, después: "Yo me arrepiento",
si ya no nos queda ni una milésima de tiempo.

Si hoy tenemos la oportunidad de cambiar,
a paso lento aprendamos a caminar.
Y todo lo que anhelamos va a llegar
porque Dios nos dio el don de poder triunfar.

EN BUSCA DE UN MUNDO MEJOR

Tú te me perdiste en la profundidad del río.
Allí fue que te me fuiste muriendo de frío.
Y yo, que quería alcanzar un mundo mejor,
darle a nuestra familia la tranquilidad y el amor,
por tratar de atravesar esa línea ingrata,
hoy tu ausencia siento que me mata.

Ahora aquí, de este lado, me pregunto si valió la pena.
Y esta soledad a vivir sin ti me condena.

Allá, del otro lado, lloran mis cachorros
y no saben que su madre ya no existe
porque no tuve el valor de decirles el día que te fuiste.
Y no les dije que de no llevártelos te arrepentiste.

Me pregunto, ¿dónde está ese mundo mejor
que a mis hijos y a mí nos dejó sin amor?
Mejor estaríamos juntos allá en la choza
sin tener que soportar esta separación que nos destroza.

TE PERDÍ

Sabes que, aunque otro ocupe el lugar que yo te di,
en este corazón siempre vivirás en mí.
Porque lo que yo contigo compartí
jamás en mi mente lo perdí.

Y no quedó ni huella de rencor
porque predomina el recuerdo del amor.
Yo, que en la cama tu dulzura probé,
allí la inocencia te robé.

Y de las mieles del pasado me olvidé
porque allí fue que, por vez primera, yo te amé
sin pensar que en ese instante mi futuro destrocé,
porque la que tanto amé muy lejos se me fue.

Hoy de qué sirve arrepentirse
si destrozado me dejó ella al irse.
Solo, me consuelo en el dolor
pues he perdido a mi más grande amor.

TU AMIGO

Y hoy, ya convencido de haberte perdido,
sé también que no te dejo en el olvido.
Porque ciertamente tú mataste mi pasión,
no así el amor del corazón.

Porque lo bueno de este amor está en mí.
Aunque de dejar de amarte me convencí,
recordaré los momentos dulces que a tu lado viví
desde el día en que yo te conocí.

Al dejarte de amar, libero tu camino
para no ser en tu vida el árbol del espino.
Si algún día necesitas de un amigo,
y si consuelo buscas, ven: lo encontrarás conmigo.

Quizás allí verás lo importante que en tu vida fui,
ya que el corazón entero lo entregué por ti.
Y no fue por la puerta falsa por donde hui,
pues quiero que la dicha sea para ti.

SELENA

Cuánto tiempo ha pasado
desde que te fuiste de nuestro lado.
Mi dulce Selena, tu paso has dejado marcado,
por lo que siempre serás hoy y no recuerdo del pasado.

Será por esa vida llena de virtudes
que a todos nos llenó de bellas inquietudes.
O por tu hermosa voz, siempre vigente,
que hizo feliz al más exigente.

Selena, ese dichoso legado
que tú nos has regalado
hace presentes tus canciones del pasado
y al más duro corazón con ellas has tocado.

Hoy, al recordar tu memoria,
sabemos que ya has hecho historia;
y vemos que, año tras año, tu presencia es notoria.
Sabemos que estás en los dinteles de la gloria.

MIS AMORES

Qué hago con estos amores
que me hunden y me matan de dolores,
que la vida me arrebatan
y las tempestades de mi interior desatan.

Amores que han trastornado todo mi ser
y la claridad no me dejan ver.
¿Por qué siguen allí?
Si ya maté todo lo que había en mí.

Pero siguen insistiendo en atormentar a mi ser
haciéndome recordar esos amores del ayer.
Amores que fueron divinos
como el sabor de los mejores vinos.

Estos locos amores que fueron mi inspiración
aunque no quiera, me han robado el corazón.
Y hoy cómo voy a olvidarlos
si los momentos vividos jamás he dejado de recordarlos.

AMATITLÁN

Amatitlán, eres mi hermoso lago
que, como despampanante mago,
ha sido un fiel testigo
de amores que a tu orilla formaron su nido.

Amores que han llegado lejos
y, en el resplandor de su alegría, se ven los reflejos
como el de otros que a su paso fueron frustrados
por no haber sido bien cultivados.

Pero allí, en la hermosa orilla tuya,
escuchamos la música del bambú que arrulla
y cobijamos nuestros intensos amores
en tu bello paraíso de colores.

Yo no te puedo olvidar, mi Amatitlán.
Son recuerdos que de mi vida no se irán.
Mucho menos voy a olvidar de tu agua los reflejos.
Y me duele saber que de ti estoy tan lejos.

PARA TI SON MIS VERSOS

Tú, que a tu corta edad
en que la travesura se te da
pedirme que te declame un poema,
de alegría a mi corazón lo llenas.

Ahora veo lo importante que es hacer un verso
porque al viejo, al joven o al niño, enternezco.
Y si a ti, Angelita, escuchar un verso te enriquece,
escucha su cantar y verás qué bello amanece.

Así siento que tu amor por mí florece
y piensas en mí cuando anochece.
Por eso este canto es para ti, con amor,
para que nunca empañe tu vida el dolor.

DE ELLOS APRENDÍ

Hay amores que se van y ya no vuelven
pero cuyos recuerdos a mí me envuelven.
Porque cuando el amor limpio ha sido,
jamás se puede dejar en el olvido.

El amor es el elemento viviente
que, cuando se ama, no se aleja de la mente.
Turbulencia que a mí me arrastra en su corriente
y me hace recordar que soy un ser viviente.

Por eso, cuando un amor se va,
uno nuevo a la vuelta de la esquina llegará.
En sus alas de ilusión te llevará
pero al que se fue jamás reemplazará.

Porque cada amor es diferente
pues le hace vivir distintas ansias a la mente.
Unos, por su hermosa ternura
y otros, por su pasión que mata en su locura.

Por eso no puedo olvidarme de cada amor vivido
porque en carne propia lo he sentido.
Mucho menos puedo echarlos al olvido
porque, buenos o malos, con ellos he aprendido.

ME SIENTO CERCA DE TI

Ahora que en este aeroplano voy surcando el cielo,
cerca me siento de Dios y es un consuelo.
Porque cuanto más me alejo yo del suelo,
hacia Él siento yo que vuelo.

Quizás no me lo van a creer,
pero esta es mi manera de ver.
Que para sentir esto hay que saber
que de Dios se tiene mucho que aprender.

Y que allí, en la inmensidad del universo,
Él nos espera con el cantar de un verso
para así relajar nuestra alma
y que nos llevemos el corazón en calma.

Así que en este aeroplano volando
a mi Dios le voy hablando
y gracias infinitas le estoy dando
porque sé que, llegado el momento, Él me estará esperando.

VIVE HOY

El que su carácter corrige,
hacia el triunfo sus pasos dirige.
El mal carácter solo lleva a frustraciones,
lastre que nos arrastra por nuestras malas situaciones.

Evítalo no pensando en el pasado,
porque lo bueno o lo malo ya el tiempo se ha llevado.
Pensemos que el ayer es el ayer
y, si perdimos, no volvamos a caer.

Ya no pensemos en lo que algún día se nos fue.
Tampoco, en lo que mañana yo tendré.
Porque el pasado muerto está
y el futuro no sabemos si vendrá.

Por eso, al amanecer el día,
pídele que en cada momento te sonría
y sentirás la vida llena de alegría.
Y le dirás a Dios: "Gracias por la vida mía".

En lugar de que te embargue la amargura,
sentirás en tu interior un amor que te lleva a la locura.
Porque corrigiendo el carácter, se madura.
Y tu sonrisa iluminará tu camino en la llanura.

MIS TORMENTOS

A ti, a quien no conozco, es al que dedico mi pensamiento.
Exhalando de mi interior un doloroso lamento
al verte destrozar tu vida
viviendo en una constante huida.

Que te has dedicado a hacer el mal
y has acabado con el prójimo sin ver lo real.
Arrepiéntete del mal que ya has hecho
para descansar tranquilo en tu lecho.

Y pídele a Dios poderoso su perdón,
arrepintiéndote con todo el corazón.
Entre los ríos tormentosos de tu alma
trata de buscar en Él la calma.

Porque Él es un ser amoroso
que a tu vida le dará reposo.
Así podrás ver un amanecer hermoso
y sentirás de tu alma el gozo.

TEN PACIENCIA

Hoy, cuando el vuelo me dejó,
y que coraje me sacó,
quise gritarle al que tenía enfrente.
Allí hubiese pecado de ser un demente.

Y me pregunté, ¿por qué mi carácter violenté?
¿Por el ingrato vuelo que se me fue?
Si hay tantos otros vuelos
que nos llevarán a surcar los cielos...

Cuando hay cosas que no se pueden cambiar,
por no haber solución, la realidad hay que afrontar
evitando la vida amargar
pensando la forma de solucionar.

Solo necesitamos tener un poco de paciencia
y cambiar lo amargo de nuestra apariencia.
Y ver que el mundo no se acaba
por una inconveniencia que el destino nos daba.

TU MATRIMONIO

Hoy, que es el día de tu matrimonio,
a Dios le pido que bello sea tu entorno;
y que dure la felicidad de este momento
y tu corazón nunca se vea en tormento.

Recuerda que el matrimonio es un jardín en bello día
y, si lo riegas, vivirás en la alegría.
Pero si te olvidas de regarlo cuando amanece,
se marchita y jamás crece.

Por eso es importante este momento
en que la unión de dos seres es el alimento.
Porque en sus vidas la esperanza brilla
y Dios la consagra al caer el día.

Cuídalo para que nunca digas: "Lo lamento,
y por descuidarlo hoy me arrepiento".
No eches en saco roto este consejo
que con amor te da este viejo.

SENTÍ TU ENOJO

Anoche vi y oí tronar al cielo.
Relámpagos, truenos y rayos cayeron.
Pensé que Dios molesto estaba
y su coraje allí demostraba
al ver lo que en la Tierra pasa
y la maldad que su obra maestra arrasa.

En verdad que me asusté
y el alma del cuerpo se me fue.

Porque si esa fue una demostración de su poder,
¡ay de aquel que no quiera en Él creer!
Porque nos demuestra con su enojo
que a las puertas del cielo les pondrá un cerrojo.

Yo no quiero que esas puertas se me cierren
porque mi cuerpo estará encerrado el día que me entierren,
pero mi alma necesitará de un rincón
allí, en el paraíso del perdón.

JOVEN APARIENCIA

Hoy a una mujer bella conocí
y jamás pensé que correría tras de mí.
Con coqueta sonrisa ella me vio
y en ese momento mi corazón flechó.

Luego a mí mismo dije yo:
"Si ella es tan joven y yo no
y la diferencia de años es tan inmensa,
¿qué busca en esta humilde apariencia?".

Y como si escuchara mi pensamiento,
me dijo con voz cortada y caminando a paso lento:
"Busco desahogar de mi interior un gran tormento
que mata mi vida a cada momento.

Y en tus años puedo notar la calma,
algo que necesita mi atribulada alma.
Déjame amarte y entregarte mi juventud
para resarcirme de lo que me dejó la ingratitud.

Así contigo tendré reposo
y tú, del amor, tendrás lo hermoso.
Porque lo que yo he sufrido
dobla los años que tu has vivido".

CUENTAS A RENDIR

Trata de corregir los errores del pasado,
errores que por mucho tiempo te han atado.
Porque cuando la vida está por irse,
como una película verás lo que viviste.

Y tus aciertos o pecados se desvisten.
Allí te verás atormentado, en el lugar adonde fuiste.
En esta vida perfecto ninguno ha nacido,
pero si por lo malo te has arrepentido,
habiendo tu vida corregido,
recuperarás el camino ya perdido.

Mas allá serás recompensado
y no recordarás las anomalías del pasado.

En ese instante llegarás al paraíso,
porque el buen Dios así lo quiso.
Así que vale la pena arrepentirse,
pues hay recompensa cuando las cuentas hayan
de rendirse.

AMISTAD

En nombre de la amistad,
yo les pido lealtad
porque ella es tan hermosa
que une al tallo con la rosa.

Que a los seres humanos entrelaza
y en la hermandad los une, como una sola raza,
sin distinción de nación o de color,
porque al amigo se le quiere con amor.

Por eso es tan importante la amistad
cuando a otro ser sin condiciones se le da.
Ella debe ser limpia para que uno sonría
y así poder decir: "Por tu vida, doy la mía".

Amistad, una palabra tan sencilla
que, si bien se da, deja su semilla.
Si la cultivamos con cuidado y con amor,
no veremos nuestras calles manchadas de sangre y de dolor.

Si amamos, se acabará el terror
y ya no viviremos en desamor.
Porque la amistad brillará en todo su resplandor
y construiremos con ella un mundo mejor.

MI PROTESTA

Cómo cambiar este mundo tan controversial
en que todo está caminando tan mal;
donde está desapareciendo el amor
y se le abre paso a las huellas del dolor.

Por qué, si este era un mundo bueno
donde se amaba con pasión,
hoy solo se piensa en destrucción
y se le rompe al ser humano el corazón.

Guerras que acaban con toda la hermandad;
dolorosos crímenes de lesa humanidad;
secuestros de pequeños sin ninguna razón,
algo que ante Dios no tiene perdón.

Prostitución por el hambre y la necesidad,
matanzas que a niños han dejado en la orfandad;
seres destrozados por la drogadicción
que han perdido la visión y hoy no tienen de la vida compasión.

Si acaso quedan seres buenos,
tratemos de quitar del mundo sus venenos.
Unamos todos nuestras manos
y juntos pidamos el cambio como hermanos.

Si no, sentémonos y veamos
cómo unos a otros nos destrozamos.
Y veremos a nuestro Dios llorar de dolor
porque en el mundo se acabó el amor.

VEJEZ

El temor a hacerse viejo no se debe de sentir
porque los años pasan y la vida se tiene que ir.
Pero, eso sí, no se puede dejar de pensar
que uno, solo, no se quiere quedar.

Porque los años nos podrían convertir en carga,
dolorosa verdad que nos amarga.
Pero si hemos dado amor en nuestra vida,
existe la posibilidad de que la caricia sea correspondida.

Y en nuestros momentos de vejez,
a través de sus ojos podremos ver,
porque a nuestros hijos les enseñamos a querer
y de la vejez ellos tienen que aprender.

Lo que se siembra, se cosecha.
Quizás en los últimos años la felicidad nos acecha.
¿Será acaso del amor la recompensa?
Que solo de pensarlo el alma se alimenta.

Así que yo no le debo temer a la vejez
porque me queda mucho por recorrer.
Y el amor que me rodea no lo voy a perder,
ya que de los míos, en la piel siento el querer.

SEÑORA

Yo de usted, señora, me enamoré.
Le suplico no me pregunte cómo fue.
Pero sí sé que, como un rayo de luz divino,
iluminó el sendero por donde camino.

No sé si fue la inmensa tranquilidad
que usted a su hermosa vida le da.
O la bondad de su radiante corazón,
que a más de uno hace perder la razón.

En usted no se ve el paso del tiempo;
será porque espera que todo llegue en su momento.
E inspira una gran ternura
que a su semblante llena de dulzura.

Desde que la conocí, no tengo más amargura
y a mi vida la siento más segura.
Porque el reflejo que me da su calma
hace que feliz se sienta mi alma.

Y aunque como loco enamorado estoy,
sé que de su corazón no soy.
Y me conformo con verla pasar,
porque sé que usted no me puede amar.

LO PRIMORDIAL

¿Por qué buscamos sufrir?
Por anteponer lo irrelevante,
dejando para después lo más importante.

Siempre nos olvidamos de lo primordial,
no cumpliendo con lo que después nos pone mal;
defecto ingrato que ataca hasta al más normal.

Bien reza el dicho: A algunas cosas las hacemos por capricho.
"No dejes para mañana lo que puedas hacer hoy".
Si no, después dirás: "Arrepentido estoy".

Nosotros buscamos de nuestras vidas la adversidad.
Después preguntamos por qué lo que queremos
no se nos da.
Claro está, no cumplimos con lo que tiene prioridad.

Luego vienen grandes frustraciones
que matan todas nuestras grandes ilusiones
por no poner atención a primordiales situaciones.

Y para qué buscar culpables
siendo nosotros los únicos responsables
que nos llevan por caminos poco viables.

POR QUÉ TE QUEJAS

Yo pregunto: ¿Por qué te la pasas lamentando?
Por la vida vas llorando
y ficticio dolor vas arrastrando
para que te tenga lástima el que te está escuchando.

Siempre estás inconforme;
así solo sentirás sobre ti un peso enorme.
Te has convertido en el "todo me sale mal".
Con eso has llenado tu vida de sal.

Y no verás el horizonte brillar
si con tu vida no te sabes conformar.
Vivirás dándote lástima, pues esa es tu pasión,
porque buscas de otros compasión.

De qué te quejas, si ni para ti tienes corazón.
Y siempre te estás quejando sin razón:
que si la mañana amaneció oscura;
que si esta fruta no madura.

Que si no tengo trabajo;
que si cansado yo la paso;
que si yo soy un fracaso.
Y cómo no sentirse así, si hay queja a cada paso.

Al amanecer el día, no le das gracias a Dios
sino que, de mañana, le dices a tu día adiós.
Cambia lo negativo, la amargura y tu dolor,
y verás como todo te llega por amor.

MEDALLA DE HONOR

Honor a quien honor merece.
El que no lo reconoce, despacio padece.
Porque hay grandes amores que reconocer,
como el de la madre, siempre guía de uno en el crecer.

Yo a ti, madre, cómo no te voy a dar honor
si sé como afrontaste la vida con valor.
Sin condiciones me entregaste tu gran amor,
aunque las penas te mataran de dolor.

Hoy que veo el tiempo pasar
y se empieza tu piel a marchitar,
al mundo le quiero yo gritar
que tú naciste solamente para amar.

Los soldados en el campo ganan las batallas.
Tú, madre, las ganaste cuando la vida nos puso a raya.
Si esos soldados merecen una medalla de honor,
tú mereces dos, y que sean al valor.

Te ganaste el honor de llamarte madre
y te esculpiré una estatua en este corazón que por ti arde.
Y no existirá otra medalla al amor
más que la que tú te ganaste con honor.

AGRADECIMIENTO A UN AMIGO

(Dedicado a Mynor Sean Reyes)

Hay amigos que, por su grandeza de espíritu e inquietud,
fácil se hacen querer por su virtud.
Porque son amigos de una entereza completa
que, fácil, de amor llenan una maleta.

Ese es el caso de un gran amigo mío
que, sin intereses mezquinos, de amigo da su calor.
Porque entrega para los demás todo su amor,
que feliz hace a los que tenemos ese honor.

Así es, pues, mi gran amigo.
Mi agradecimiento siempre estará contigo.
Porque para mí tú eres un hermano
y en los tropiezos siempre nos daremos una mano.

Aquí yo te agradezco tu cariño
porque a mí me enseñaron desde niño
que la bondad, la amistad y el amor
se reciben y se devuelven con el mismo calor.

LO QUE SE VA, SE VA

Cuando sientas que el mundo se te derrumba,
en ese momento estás cavando tu propia tumba.
Y si no ves que a tu vida una luz alumbra,
es porque el dolor a vivir contigo se acostumbra.

Ese es el momento preciso de pensar
que, si lo material por la borda se tiene que tirar,
con ese peso apúrate a acabar.
Y nada hacia la orilla, para tu vida salvar.

Recuerda que sin nada a este mundo venimos
y, si algo de él conseguimos,
piensa que es solo ganancia lo que perdimos.
Así que, ¿para qué sufrimos?

Lo material va y viene,
pero tu vida, si sufres, se detiene.
Y si sientes que tu mundo se acabó,
en ese momento tu existencia terminó.

Cuando más derrotado estés,
alza los ojos al cielo y me dirás lo que tú ves.
Porque de allí te vendrá la bendición
que le dé luz y sabiduría a tu razón.

MATERNIDAD

¿Qué es la sagrada maternidad?
Es la que Dios, como bendición, a la mujer le da
y que como luz divina
sus nueve meses ilumina.

Será su recompensa ver a su niño nacer
para entregarle todo su ser,
ya que con esos ojos lo verá crecer
y en su vida no lo querrá perder.

Porque a la mujer en su naturaleza
el amor le crece, como crece en la selva la maleza.
Ya que a ese niño en su vientre lo aprendió a amar,
ese amor nunca se ha de acabar.

Yo bendigo a la mujer por ese don
que mi buen Dios le regaló por alguna razón.
E hizo que en su vientre germinara la semilla
de la que hoy en día es la vida mía.

HOMBRE DE FE

Yo quiero que sepas que todo estará bien,
que a todo ser humano le cae la lluvia también.
Pero que a los hombres buenos no les puede ir mal
y lo negativo, como el agua, correrá por el canal.

Aunque existan tiempos duros,
no por eso el árbol deja de dar frutos maduros.
Y se acabarán los malos tiempos
que siempre llegan en los peores momentos.

Así recogerás, en la tormenta, la cosecha
y la felicidad sentirás que a ti te acecha.
Eso le traerá fe a tu alma
y a tu vida le devolverá la calma.

Todo lo recibirás por tener fe.
Y no dirás: "La felicidad de las manos se me fue".
Porque el hombre que de fe y constancia se alimenta
jamás por un fracaso se lamenta;
sino, por el contrario, supera la adversidad
de los tropiezos que la vida nos da.

Y aunque el camino sea duro,
siempre, con paso firme, camina hacia el futuro.

ES MÁS FUERTE NUESTRO AMOR

Aunque tu cuerpo me rechace,
tu interior pide a gritos que te abrace.
Porque nuestro amor fue precioso
y de él gozamos lo más hermoso.

Hay amores que no se pueden olvidar,
porque ellos nos enseñaron a amar.
Y si algo de ti tengo que adorar
es el camino que contigo aprendí a andar.

Hoy estarán lejanas nuestras vidas
pero, si se juntan, nuestras almas no se olvidan.
Y aunque hoy sean distintos nuestros caminos,
en el corazón, unidos estarán nuestros destinos.

Ese triste y rencoroso rechazo
solo logra que nuestras almas se unan en un abrazo.
Porque sé que en tu corazón me estás amando
lo mismo que yo por ti estoy llorando.

Por eso, démonos la oportunidad del perdón
y amémonos con todo el corazón,
olvidando el rechazo y el dolor,
fundiendo nuestros cuerpos como amantes del amor.

GUERRA

Cuando queremos curar un mal con otro mal
o hacerles la guerra a quienes ya están en guerra,
grandes nos sentimos, como el ángel guardián.
Y no vemos a aquellos cuyos seres queridos se van
y no saben si algún día ellos volverán.

Somos tan poderosos que exportamos nuestra guerra.
No vemos a los niños a quienes esa palabra aterra.
Y sufren unos como otros, pues la muerte los aferra.

Al que regresa, en su gesto se le ve el dolor
porque sabe que obligado vivió el terror,
olvidando lo grande del amor.
El pretexto, todo sea por la paz;
y con eso la muerte a muchos les llega por detrás.

De qué sirven, entonces, los grandes honores,
si muchos perdieron a los hijos de sus amores.
Aquí recordamos a aquellos que regresaron
pero nos olvidamos de los muertos que allá quedaron.

Y es tanto el dolor de aquí y de allá,
que se salva alguno si bien le va.
Porque en las guerras son carne de cañón los inocentes,
seres que no tenían por qué pagar cuentas pendientes.

Yo pido que las guerras se terminen
para que unos con otros no se maten y la vida iluminen.
Porque nosotros no somos Dios
y derecho no tenemos a darles a tantas vidas el adiós.

EL AMANTE

Me preguntas si yo soy ese amante,
el que sueña contigo a cada instante,
el que tus noches de ensueño vela
y dichoso por ti hasta el amanecer se desvela.

Aquel que, al hacer el amor contigo, pierde la cabeza;
y al levantarse, con ternura tu boca besa.
El que en las mañanas te sirve la mesa
y al amanecer a Dios por ti le reza.

Sí, yo soy ese amante soñador
que de ti saborea las mieles del amor.
Porque tú eres de mi vida la razón
y te metiste en las profundas entrañas de mi corazón.

MIS GENERACIONES

Hoy, aquí sentado, meditabundo estoy,
recordando el pasado hasta el día de hoy.
Me recuerdo joven, deseoso de ser llamado papá;
y, en la madurez, el llamado de "abuelo" se te da.

Ya en la vejez, ser bisabuelo, qué felicidad.
Y al ver mis generaciones, ser viejo qué más me da.
Hoy me siento como un árbol de varias ramas.
Dichoso soy al sentir como mi corazón las ama.

Porque la familia es el amor profundo.
Si la perdiera, sentiría que me hundo.
Pues es incomparable ver a un hijo nacer
e impresionante ver a un nieto crecer.

Sentir la felicidad completa, al bisnieto acariciar,
demostrando así como el corazón tiene la fuerza para amar.
Son tres distintos amores que yo no olvidaré
y que, en las ramas de mi cuerpo, por siempre llevaré.

TE VENCÍ

Malvado cáncer, ¿por qué a mí me tenías que atacar?
¿Es que acaso con mi vida querías acabar?
Eres tú el que a tantos seres te has llevado
y que a familias enteras has destrozado.

Por eso te sentía como una maldición.
Pero hoy sé que de Dios fue la bendición,
porque al mundo le puedo yo gritar
que la fe es la única que nos puede salvar.

De tu maldad hoy me he burlado.
Eres para mí un recuerdo del pasado.
Porque en mi momento difícil, de fe yo me llené
y a tu fuerza destructora la humillé.

Aunque el dolor fue mucho,
a mi mente positiva impulsé.
Y sé que estás pensando que otra persona viva se te fue
y me consuelo con saber que por ti no moriré.

Por eso, mi consejo es para todo ser humano
que con este mal camina de la mano:
que con entereza y fe se suelte de la cadena
y destroce ese mal que lo condena.

EL SOÑADOR

Yo soy el eterno soñador
que cambiar quiere la vida con amor.
Espero que mi sueño no sea en vano
y que mis versos a muchos lleven de la mano.

Quiero que mi mensaje los pueda alimentar
para corregir el camino de muchos que no lo han sabido transitar.
Que a otros les traiga consuelo en el amor
o alivie sus penas cuando grande sea el dolor.

Porque yo soy un empedernido soñador
que rescatar quiere la vida de la maldad y el desamor.
Yo quiero que mis versos forjen un ser humano mejor
para que no se viva la vida con temor.

Que los hijos a sus padres amen
y la vida así no les amarguen.
Sueño que cada verso mío
llegue a tu alma, como la piedra reposa en la profundidad del río.

Esta es una invitación a la reflexión
de un bueno, o destrozado, o también malvado corazón.
Yo soy ese soñador
que para todos pide la redención.

Porque sé que Dios a todos les da su bendición
y que ustedes no serán la excepción.
Por eso aquí les hago entrega
de mis versos, con todo el corazón.

FE Y ESPERANZA

No importa lo que tú o yo
por nuestro lado hagamos
porque, en el recuerdo,
siempre estaremos tomados de la mano.

Y fueron nuestros recuerdos felices tantos,
que unidos se encuentran nuestros llantos.
Porque cuando el amor cristiano ha sido,
ningún momento queda en el olvido.

Siendo motivo de felicidad lo vivido,
en el interior se siente la dicha de haber nacido
y brotan en mí versos de forma natural,
que fluyen como el agua de un manantial,
dándole al amor la luz celestial.

Y son chorros de inspiración divina
que hasta el día de hoy mis pasos iluminan,
enseñándome el sendero por donde se camina.

Porque me dieron fe y esperanza
y llenaron toda mi vida de añoranza.
Y me hicieron soñar,
por lo que no quiero un amargo despertar.

MENDIGO

Hoy, que mendigando voy por la calle,
cuando expreso mi dolor, me piden que me calle.
Porque para todos solo un estorbo soy
y no les importa si he comido el día de hoy.

En estas noches de inmenso frío,
cuando por sábanas estos cartones cobijan el cuerpo mío,
llegan los recuerdos de mi vida pasada
en que mi corazón de alegría rebosaba.

Me recuerdo allí, sentado en el seno del hogar,
mi esposa e hijos a un lado, siempre dispuesto a amar.
Me pregunto, ¿por qué todo se tenía que acabar
y hoy el destino me lanza a mendigar?

Si yo era un hombre de bien,
delicado en mi vestir también,
reconocido y saludado por tanta gente;
y se decía que yo era un hombre inteligente.

¿Qué fue lo que pasó que en indigente me convirtió?
Hoy analizo que fue aquel trago que tomaba socialmente
y que fue destruyendo mi vida lentamente,
porque fue necesidad diaria su aliciente.

Así perdí el respeto y el cariño de mi hogar
y mucho dolor siento al caminar.
Y camino y camino, y hoy ya nadie me saluda.
Y mi garganta se ahoga de amargura.

De mi esposa e hijos perdí el amor,
por eso me consumo en el dolor.
Sabido es que yo aquí he de morir,
pero antes que de esta vida tenga que partir,
mi experiencia con ustedes quise compartir,
para que mi historia no se vuelva a repetir.

Hoy ya me puedo morir de frío.
Y ustedes no pierdan, como perdí yo todo lo mío.

MI PEQUEÑA

Hijita mía, yo prometo protegerte,
aun si estuviese a un paso de la muerte.
Yo te he de ver, mi niña, crecer
hasta convertirte en mujer.

Voy a seguir tus pequeños pasos
para que no tropieces y jamás tengas atrasos,
y ya cansada te duermas en mis brazos.
Porque, niña mía, el amor nos ata con sus lazos.

Yo prometo vivir solamente para ti
porque, cuando naciste, sentí que por eso estoy aquí.
Hoy que te veo tan pequeña e indefensa,
pienso que siempre estaré dispuesto a salir en tu defensa.

Porque tú eres la chiquita mía,
quien endulza mi noche, como al amanecer el día.
Y tengo en mí la dulce añoranza
de verte convertida en la flor de la esperanza.

TE EQUIVOCASTE

¡Oh!, hermosa mujer, llegó el momento de pensar
que la vida que llevas tienes que cambiar.
Primero te prostituiste por necesidad
y pensaste: "Si es por mis hijos, ¿qué más da?,
y este oficio, de comer les da".

De pequeños, fácil se ocultaba la verdad.
Hoy ya crecieron y quieren de tu vida claridad.
Y al no tenerla, se están hundiendo en la oscuridad.

Hoy el mayor te faltó el respeto,
pues sus amigos sobre ti le dieron el dato completo.
De él se burlaron y se llenó de vergüenza.
Dura verdad, su dolor y amargura lo atormentan.

De allí viene la desobediencia
que lo lanza a la calle a buscar la delincuencia.
Y tú, que soñaste verlo convertido en una eminencia,
hoy ves el negativo resultado; esa es la consecuencia.

¿Dónde está el sacrificio que, de niños, por ellos hiciste,
si en el lodo del dolor tú los hundiste?
Así que ese oficio tienes que cambiar
si a los que amas quieres recuperar.

No creas que ellos te van a comprender,
pues a esa edad no se sabe entender.
Y al verte con uno y con otro salir,
preguntan; y ya nos les puedes mentir.

Hoy estás a punto de perder
y no te alcanzará la vida para arrepentirte, mujer,
aunque de nuevo volvieras a nacer.
Y, si no cambias, con ellos no tendrás un nuevo amanecer.

MI BARRIO

Hoy, que por mi barrio caminando voy,
estoy sintiendo de dónde verdaderamente soy.
Y al ver caminar a mi gente,
¡qué emoción tan grande se siente!

En este hermoso atardecer
siento lo grande que en sus calles es crecer.
Y ver a los niños llenos de gozo correr,
es como sentir que se puede volver a querer.

Eres, mi barrio querido, quien en poeta me ha convertido.
Por eso jamás te puedo dejar en el olvido.
Me he inspirado en tu gente buena y en tu gente mala
y en las maldades que se olvidan al azotar el ala.

Porque mi mente solo piensa en lo bueno
y en las bondades que me han dejado lleno.
A esto yo le llamo mi barrio querido,
porque, si cierto es que aquí no he nacido,
mis mejores momentos a tu lado los he vivido,
sintiéndome por toda mi gente querido.

Por eso, ¡que viva mi barrio!, pues,
de donde tengo tantos recuerdos del ayer.

Y de él he gozado de tantas bondades
que se olvidan, de algunos seres, sus maldades.
Eres tú mi barrio, quien en mí pudo creer
y a quien, con mi pluma, yo voy a enorgullecer.

GUERRERO

Fuiste guerrero que, pese a la batalla perdida,
seguía al frente jugándose la vida.
Porque se es valiente cuando se superan los tropiezos
y la agonía se cura con los rezos.

Por eso yo te admiro, mi valiente,
y tu recuerdo llevaré siempre en mi mente.
Porque, aunque la última batalla la perdiste,
siempre triunfaste hasta el día en que te fuiste.

Hoy yo seguiré tu ejemplo
porque en mi corazón te he formado un templo.
Y el día que pierda la última batalla,
en mis labios tu nombre estará cuando me vaya.

Porque tú dejaste buena semilla
y en tu ejemplo estará la vida mía.
Yo, padre mío, he de seguir tus pasos
y les dejaré a mis hijos tus abrazos.

Les enseñaré lo que de ti aprendí,
como el amor que de ti sentí,
para que así se sientan orgullosos
y tengan, como yo, esos recuerdos hermosos.

VOZ DE ÁNGEL

Me fascina escuchar tu dulce voz.
Es como escuchar a los ángeles de Dios.
Y en mis oídos siento el resonar de tu cantar
que lo más profundo de mi ser hace vibrar.

Es porque tu voz melodiosa
hace sentir que tocas el arpa de una diosa.
Y tus notas hacen vibrar mi ser
y conviertes en bellos los días del ayer.

De tus labios escucho hermosa melodía,
regalándome de tu vida la armonía.
Y allí te amo de noche, como al amanecer el día.
Dejas en la eternidad la vida mía.

Mi ángel, por favor, no dejes de cantar
porque me contagias tus deseos de amar.
Y si algún día me tocara despedirme de ti,
por favor, que sea con la canción con que yo te conocí.

HERMOSO DON

Qué hermoso don que Dios te regaló;
bellos son los versos que en canción te escucho yo.
Provocas el gozo con la emoción de tus melodías,
haciendo vibrar a otros. Y eso tú no lo sabías.

Y es que tus letras son tan profundas
que el ambiente con tu cantar inundas.
Con tu dulce voz me has hecho ver
que fácil se puede volver a querer.

Yo te admiro, hermosísima mujer,
y hoy ya tengo en quien creer.
Porque tu voz me ha robado el corazón
y, al decirlo, siento que muero de emoción.

Eres tú, pues, mujer, un ángel de hermosa voz.
Por favor, regálale al mundo ese don que Dios te dio.
Porque yo creo profundamente en ti
y te llevaré para siempre muy dentro de mí.

TU PROFUNDA MIRADA

Contigo, que inspiras tanto a mi ser,
sé que yo he vuelto a nacer.
Y cuando me miras con tu profunda mirada,
enciendes en mi corazón del amor la llamarada.

Y es que es tan grande tu hermosura
que hace que te ame con toda la ternura.
Y el remanso de tu limpia sonrisa
hace sentir bella la noche y cálida su brisa.

Pues tú eres como el relax del mar en calma,
que ha enamorado la profundidad de mi alma
y cuando me encuentro adormecido,
mis sueños viajan de la mano contigo.

Y no es el caminar por escabroso camino,
sino el paraíso que de ti me vino,
porque tú eres mi sonrisa, mi ternura, mi mirada,
y tu calor le dio a mi corazón una llamada.

Por eso aquí estoy, para amarte en esta noche
que, llena de luceros, con tu luz hace derroche.
Y así sentirte mía en este paraíso,
porque sé bien que Dios así lo quiso.

AMOR PROHIBIDO

¿Por qué no puedo dejar en el olvido
este amor que me mata, por ser prohibido?
Es porque tan grande es su calor,
que le da a mi vida la luz y el resplandor.

Doloroso es saber que no me perteneces
y que en otros brazos por las mañanas amaneces.
Ya que no tenerte es mi dolor,
penitencia que reclama lo grande de mi amor.

Porque este es mi amor callado
que en sueños se encontrará siempre a tu lado.
Yo te he de amar en mis noches de silencio,
aunque para mí sean noches de tormento.

Y existirá en mi corazón la tentación
de pensar en ti; algo que me deja sin razón.
Si la muerte me llegase el día de mañana,
a la tumba llevaré este amor prohibido,
siendo ese, por amarte, mi mayor castigo.

LUCHA PERDIDA

De joven trabajé y trabajé.
Y en la madurez, la lucha no dejé
y con mucho sacrificio, algo capitalicé.
Ya de viejo, como el agua en la pendiente se me fue.

¿Será acaso la recompensa al trabajo?
Que en lugar de subir, vamos para abajo.
O tal vez estamos al final del sueño americano,
sueño añorado por todo ser humano.

Hoy se pierde lo que con tanta lucha fue conseguido,
quedando la tranquilidad en el olvido.
Yo conozco a mucha gente que jamás se esforzó
y, por su negligencia, así de pobre se quedó.

Pero yo, que tanto trabajé, igual que ellos me quedé;
con la diferencia de que en trabajar la vida se me fue.
Hoy, que pierdo hasta el rincón donde duermo,
de tristeza yo me siento enfermo.

A esto sí lo llamo una economía en crisis
que, sin misericordia, le rompe a uno las narices.
Y se le llama enorme recesión
a aquello que destroza el alma y hace añicos el corazón.

ME ROBASTE LA INOCENCIA

Hay tantas tristezas en la vida,
como la inocencia de tantos niños perdida,
violados por enfermos pederastas
a quienes las maldades les salen como astas.

Que destruyen terriblemente la vida del niño
en la edad en que más necesita de cariño.
Y se pregunta uno
si el deseo de dañar para ellos es el desayuno.

¿Qué los lleva a esa maldita acción,
a hacerle pedazos al niño su dignidad y el corazón?
Cómo quisiera a estos malos seres darles el adiós,
porque para ellos no existen ni el respeto ni el amor a Dios.

Y el desgraciado ataca con saña,
filtrándose como una infeliz alimaña;
y destroza del niño la inocencia; y, de su corazón, la entraña.
Es feliz cuando a su víctima daña.

A los padres yo les pido para sus hijos protección,
si los aman con la profundidad del corazón.
Y que así velen por la inocencia de ese niño,
hermoso privilegio que Dios les regaló con cariño.

ME HE VUELTO A ENAMORAR

Hoy ha vuelto mi ser a nacer
y vuelvo a sentir las tempestades del ayer,
porque de nuevo me he vuelto a enamorar
y mi corazón se revuelca en deseos de amar.

Hoy sé que hay ángeles por doquier;
lo que pasa es que uno no los quiere ver.
Tal vez hay amores que se perdieron en su lucha
y a esos sentimientos el corazón los escucha.

Pero hoy para mí ya es un nuevo día
y siento mi alma llena de alegría;
porque desde el día en que te conocí,
sé que no puedo vivir más sin ti.

Y es que tú, amor, me has dado la oportunidad
de volver a amar con toda intensidad.
Y te has convertido en mi gran necesidad
porque a mi corazón le das la calma
y a mi amor, la tempestad del alma.

CRISIS

Hoy, que la economía en crisis está,
es cuando uno cuenta se da
del manejo malo de nuestros mandatarios
y del mal uso que les dan a nuestros erarios.

Los que pagan, como siempre, son los pobres.
Y si ayuda piden, no existen ni sus nombres,
ya que son los primeros en quedarse sin trabajo
y la balanza los inclina más abajo.

Menos pueden vivir una vida decente,
cosa que destruye a todo ser inteligente.
Así que a nuestra gente, que mal ya vivía,
ni comprar una tortilla puede hoy en día.

Pero qué tal de la gente rica y poderosa:
con crisis, o sin ella, su vida es otra cosa.
Y tendrán siempre un plato de sabrosa comida,
algo por lo que muchos darían la vida.

Siempre se habla de la bendita solución,
que los que menos tienen pagarán sin ninguna razón.
Porque el pobre cada día se hace más pobre,
mientras los ricos los billetes meten en su sobre.

Así que esta economía que se dice en crisis
es para el que nada tiene y ve a diario días grises.
Pero ya no les extraña oír hablar de recesión
pues es el diario plato que consumen,
aunque se les parta el corazón.

NO TE ENTIENDO

Yo siempre he amado tu dulzura
que llena mi corazón con toda tu ternura.
Lo que no he podido entender
es por qué tú no me lo has dejado ver.

Son esos arranques de locura
y tus momentos de inmensa amargura.
Cuando quieres, eres tranquila como el agua que corre lenta;
pero no es así en tus momentos de tormenta.

Es que tus gritos a mi corazón desconciertan
y destruyes este amor que de ti se alimenta.
Y no es porque tú o yo hemos perdido la razón,
y nos estamos destruyendo el corazón.

Por favor, déjame amarte con toda la ternura
que así no me importa llegar a la locura.
Porque de los dos depende la felicidad
y contigo quiero llegar a la eternidad.

ESTOS CELOS

Ay, estos grandes celos míos
que a veces me llenan el cuerpo de frío.
Porque siento celos del aire que respiras
y de todo aquel que con tus ojos miras.

Como el vaso de agua que te tomas,
porque de tu boca allí quedan los aromas.
O de la ropa que te pones,
que acaricia de tu cuerpo los dones.

Y es que mi amor es tan inmenso
que solo de pensar en perderte, el dolor es intenso.
Y estos amargos celos que hoy me matan
hacen que sienta que a tu vida ellos me atan.

Es tan grande esta pasión,
que aferrado a ti está mi pobre corazón.
Y sé que tú ya te sientes agobiada
por la forma en que eres amada.

Solo te pido que me perdones estos celos
que son producto de la belleza que te ha caído de los cielos.
Estos no son más que unos celos sanos
que dicen lo mucho que te quiero, aquí, tomados de las manos.

VIVE TU DÍA

En este hermoso y bello amanecer
nos esperan muchos retos por vencer,
nuevas tempestades por calmar,
así como grandes dichas por gozar.

Tenemos que amar el día que la vida nos da,
ya que el mañana no sabemos si vendrá.
Y lo pasado, pasado es,
por lo que el ayer ya no se ve.

Así que vivamos intensamente,
haciendo una jornada positiva en nuestra mente.
Y vivámoslo como si fuera el último día,
llenándolo de dicha y alegría.

Porque en la vida de paso estamos
y, si a ella no nos entregamos,
cuando menos sentimos, de ella nos vamos
y tiempo no tenemos para despedirnos de lo que amamos.

Recordemos que el día malo no existe
y que del ser humano, lo bueno o lo malo viste.
Tratemos de vivir este día llenos de virtud
y, si nos tocara partir, que sea con buena actitud.

MIS AÑOS

Hoy he querido desmenuzar uno a uno mis cumplidos años
y así hacer un recuento de las virtudes y los daños,
analizando despacio los recuerdos del ayer
y así saber si con ellos aprendí a crecer.

Porque rápido el tiempo pasó
y frescos tengo los recuerdos que se llevó,
ya que el tiempo su marcha no detiene,
pero la mente los momentos vividos retiene.

Si son momentos malos, te llevarán a la locura;
pero si son buenos, recuerdas de ellos su ternura.
Y así se saborean las travesuras de la niñez,
así como las locuras de la juventud que ya no ves.

Y se recuerdan las experiencias de la madurez
que abre la brecha de la inexorable vejez.
Porque el paso del tiempo te lleva por donde quiere,
hasta que llega el momento en que uno muere.

Ya, analizando el recorrido de mi vida,
puedo pensar que no la tengo yo perdida;
que me ha servido para un eterno amar
y, amándolos así, me pueden recordar.

ABUSADOR

Eres tú al que le estoy hablando,
así que escucha y no sigas caminando.
¿Por qué maltratas a tu pareja?
¿Es acaso porque ves que no se queja?

Y soporta tus malos tratos humildemente,
aceptando tus alardes de valiente
ya que se es muy hombre
cuando la víctima no recuerda ni su nombre.

Y tú, el abusador, te conviertes en matador
cuando la víctima ha perdido su valor.
Quizás no tengas corazón
o es que has perdido la razón.

Ya no te importa el dolor de quien amaste.
El orgullo y la moral le destrozaste.
Yo invito a toda maltratada mujer
a que sus derechos haga valer.

Y así tenga un nuevo amanecer
y se olvide de los malos tratos del ayer.
Porque el que abusa se agiganta
cuando el débil tiene un nudo en la garganta.

El abuso se tiene que acabar
para que la pareja en el hogar aprenda a caminar.
Y los hijos sientan de sus padres el calor
que solo proporcionan el respeto y el amor.

YA NO ME VEN

Pregunto, ¿por qué ya no me ves?
¿O es que esa es la condena por llegar a la vejez?
Me siento como un mueble antiguo ya olvidado,
solo y triste, recordando las glorias del pasado.

Porque en la mesa, cuando con ustedes estoy,
conversan y conversan y no ven si me quedo o me voy.
Hace años que ya no soy importante
y se me toma por algo irrelevante.

Mis hijos, por sus negocios preocupados
siempre se la pasan sumamente atareados.
Entran y salen y ni siquiera me saludan,
olvidándose de todas mis ternuras.

Y en mi desesperación, trato de ponerme enfrente,
pero esquivan el cuerpo intencionalmente.
Y ni se diga de los nietos que arrullé,
que se olvidaron de mí cuando a la vejez llegué.

Y a mí, que me hace falta darles amor
para sentir de ellos un poquito de calor.
Porque a todos mi corazón les di
y hoy veo que se han olvidado de mí.

Y aunque con ellos aquí estoy,
como un fantasma por la casa caminando voy.
Porque ya me he convencido
de que sus almas me han dejado en el olvido.

Y si les reclamo por qué ya no me ven,
se alejan enfadados los hijos y los nietos también.
Aun así mi corazón los ama,
aunque sé que no se darán cuenta cuando muera en mi cama.

Quizás el tiempo que todo lo reclama,
les recordará de mi amor la llama.
Y en ese momento, tal vez, pensarán que yo no era un objeto
del cual se olvidaron por sentirlo obsoleto.

TE ESTOY ESPERANDO

Hoy, que por primera vez padre voy a ser,
no sabes la emoción que siento dentro de mi ser.
Solo de pensar, el cuerpo me empieza a temblar,
por saber la responsabilidad que tengo que afrontar.

Porque en mi hogar me enseñaron a ser responsable
y es bien sabido que uno es el reflejo del padre.
Hijo mío, aunque todavía no te he conocido,
dentro de mi corazón ya te he formado un nido.

Y yo quiero enseñarte a crecer
como mis padres lo hicieron conmigo ayer.
Para que así te sientas orgulloso de mí
como yo en todo momento de los míos me sentí.

Así que, si me ves de ilusión llorando,
es porque ilusionado te estoy esperando
para que de la mano empecemos a pensar
en el largo camino que nos queda por andar.

VOLVAMOS A SOÑAR

¡Oh!, hermoso país de idiosincrasia
en que de colores se viste la democracia,
donde no cuenta ni la raza ni el color
y se elige al jefe, no por su rango, sino por su moral y valor.

Tan grande es el poder de esta nación
que de fiesta está el mundo con la esperanza de la unión.
Ya que hay que dejar en el pasado lo mal vivido
y reparar los daños por otros cometidos.

Porque hoy contamos con la esperanza de un cambio
y depositada está nuestra confianza en un hombre sabio
para superar la necesidad que hoy es tanta
y que, al que menos tiene, le aprieta la garganta.

Hoy podemos decir que no ha muerto el sueño americano
y que, a sus altas esferas, a uno lo lleva de la mano.
Que no importa la condición en que se haya nacido
sino el esfuerzo por servir al país donde se ha crecido.

El ejemplo de hoy es el del señor Presidente,
quien fue elegido por la diversidad de tanta gente
sentando, así, la democracia un precedente;
llevándonos hacia un horizonte completamente diferente.

Hoy no se eligió al hombre de color,
sino al ser humano que quiere el cambio con amor.
Así que unamos nuestras fuerzas en el poder
para que lo ganado no volvamos a perder.

ESCUCHAREMOS TU VOZ

(Dedicado a la asambleísta Norma Torres)

Hoy una gran mujer nos ha dado la lección
de que todo es posible si hay constancia y corazón.
Y que hasta las estrellas podríamos tocar
cuando estén bien definidas las metas por alcanzar.

Norma, hoy eres el ejemplo para el hombre y la mujer
y tu triunfo nos inspira a persistir y a crecer.
Son muchos los que tienen una gran esperanza
de ser escuchados con inmensa añoranza.

Alza tu voz, maravillosa mujer,
por todos aquellos que en ti han querido creer.
Y defiende sus derechos como bien sabes hacer
para que brille tu obra en nuevo amanecer.

De tu merecido triunfo ya tenemos la esencia.
Lo llevaremos como estandarte en la conciencia.
Hoy tú eres un ejemplo que debemos seguir
y continuar fielmente hacia nuestro porvenir.

DOLOR INMENSO

Hoy se nubló mi vida y también mi cielo
porque se ha marchado lo que tanto quiero.
Y ya no veré más el color de sus lindos ojos
a los que mis travesuras le causaron mil enojos.

Y yo que tanto la amé
en una oscura noche se me fue.
¿Por qué te tenías que marchar?,
si sabías que al irte, mi vida se iba a marchitar.

Ahora ya no tengo quién me pueda consolar,
y mucho menos mis penas acallar.
Madre mía, por siempre, aquí en mi corazón te llevaré
y tu dulzura, ya jamás la olvidaré.

Prometo seguir de tu vida el ejemplo,
formando de tus sabios consejos un templo.
Y hoy que te vas para ese hermoso paraíso,
tranquilo estoy, porque Dios así lo quiso.

Madrecita, yo te amo y te amaré
y por siempre, en mi corazón te llevaré.
Es este dolor mi profundo sentir
y lo llevaré conmigo, cuando yo tenga que partir.

ESTUDIANTE

Tú que eres un joven estudiante
y que estás con el deseo de ir hacia adelante,
ten cuidado al salir de la escuela,
que la maldad ataca y el dolor lo lleva en la solapa.

Si eres un joven de bien,
no destruyas tu vida también,
como otros que su camino destrozan
y, si tu vida destruyes, ellos lo gozan.

Porque existe en la calle tanta maldad
que trata de destruir del ser humano la bondad;
si tú eres un verdadero triunfador,
a tus compañeros demuestra tu entereza con valor.

Así no destruirá a tu alma el dolor
y tu camino será de inmenso amor.
Y sentirás del triunfo el sabor
y jamás tu vida sentirá ningún temor.

Por eso te pido: no tuerzas tu camino,
dejando el mal por donde vino.
Y cuando te hablo de la maldad,
es de las drogas que te estoy hablando.
Por favor, no caigas en ellas y sigue caminando.

INALCANZABLE

Buenos días le deseo a una hermosísima mujer
en este claro y bello amanecer.
Porque ella es la dueña de todo mi querer
y sé que, en su mirada, me lleva dentro de su ser.

Ella ha enamorado mi pensamiento
y de amarla yo no me arrepiento.
Aunque sé que su amor nunca será mío,
ya que conscientes estamos de que es un amor prohibido.

Estos son los grandes amores que desgarran el sentido
y, por lo grandes que son, no quedan nunca en el olvido.
Y aunque el deseo de amarte me atormenta,
también sé que el corazón de los dos lo lamenta.

Porque sabemos que es un amor limpio y sencillo
que manchas no tiene, porque es verdadero su brillo.
Y esa barrera enorme no pasaremos
aunque hasta la muerte nos amemos.

Este amor por su grandeza tiene que estar callado,
aunque mis noches turbulentas me arrastren a tu lado.
Yo sé bien que tú también sientes lo mismo
y, por el bien de todos, no caeremos en el abismo.

AMARTE EN NAVIDAD

Amarte en esta hermosa Navidad
son las ansias que a mi corazón le dan.
En estas fechas en que el amor se entrega,
a ti, amor mío, mi corazón te llega.

Estos son momentos en que de ternura se hace derroche
y a la mía, vida mía, la llevarás colgada en un broche.
Siento que tu calor es para mí
y el tuyo es mío y lo llevarás dentro de ti.

Porque la realidad es solo una
y el amarnos nos lleva hacia la luna.
Así nos viste la noche de luceros,
para iluminar el paso de nuestros senderos.

Entonces, amarte en Navidad
es el sueño de mi bella realidad.
En esta noche de inmensa ternura,
te amaré por siempre, hermosa criatura.

Y tan solo una cosa suplico y pido:
que nunca tus sueños me dejen en el olvido.
Y ruego a este año que está por acabar,
que el nuevo me dé vida para siempre poderte amar.

BRINDO POR USTEDES

Esta noche por ustedes quiero brindar,
porque nunca pierdan el deseo de amar;
porque la ternura se albergue en sus corazones
y no existan distancias sin razones.

Porque el amor verdadero
les sirva de consuelo
para que permanezca siempre nuestra unión
y no se rompa el hilo bendito que une el corazón.

Así que, al alzar mi copa,
del amor de ustedes está llena mi ropa.
Y les agradeceré eternamente
ese amor de ustedes que hoy es mi aliciente.

Espero también que mi ternura los alimente
y sea un remanso de tranquilidad su fuente;
ya que mi cariño, mi amor y mi ternura son transparentes,
y los llevaré por siempre en mi mente.

Salud por ustedes, mi gran familia,
porque mi amor les llegue a lo más profundo
y así brillen las estrellas en la inmensidad de nuestro mundo.

LEVANTO MI COPA

Hoy voy a brindar por ti
y levantaré mi copa para decir ¡salud!
y pediré que nunca nos separe la ingratitud
ya que mi amor por ti es de inmensa magnitud.

Y que en la profundidad de mi copa
vea reflejada tu boca.
Y pueda sentir el salpicar de tu brisa,
convertida en una hermosa sonrisa.

Al pensar en ti esta noche,
mi corazón de amor hace derroche.
Te entregaré entera mi alma
para darle a mi interior la calma.

MOMENTOS

Hay momentos en la vida
en que sientes que tienes la existencia partida
porque, en lo frágil de tu mente,
en lugar de sentir brisa, sientes un torrente.

Pero cuenta no te das de que es una maraña
que se teje como una telaraña,
y nos coloca entre sus redes
y, si no te escapas, ahí te mueres.

La vida es un cúmulo de torbellinos.
Así como se sufre, se saborean los mejores vinos.
Nos enseña a caminar por escabrosos caminos
para vencer los golpes que recibimos.

Así que no te sientas derrotado
porque aún tu vida no ha terminado.
Te quedarán muchos obstáculos por vencer,
pero tu buena actitud hará que tengas un nuevo amanecer.

Por eso aprovecha la luz de la mañana
para dar gracias a Dios por el don que en ti derrama.
Y si recibes con amor el nuevo día,
en lugar de decepción, recibirás mucha alegría.

LAMENTOS

Quiero empezar un nuevo capítulo en mi vida
y dejar de pensar que está perdida.
Tratar de olvidar el sabor amargo de tus mentiras,
engaños e hipocresías, que han dejado mis noches frías.

Por eso te pido: ya no me llames,
no me busques, no me importa que lágrimas derrames.
No responderé ya jamás a tus llamadas,
aunque mi corazón se consuma en llamaradas.

Jamás yo volveré a tu lado
porque todo mi ser has destrozado.
Hoy solo quiero pensar en una vida tranquila
y no en el mal que me aniquila.

No quiero ya jamás mirar atrás;
mucho menos, seguir los pasos por donde vas.
Hoy solo quiero seguir de frente
para que nunca más mi alma se lamente.

Y así, solas, sanen mis heridas
provocadas por mis noches perdidas.
Quiero darle gracias a Dios por el nuevo amanecer
y descansar con Él al día anochecer.

AGONÍA

Hoy comprendo que otros sufren como yo sufrí
cuando a uno se le acusa siendo inocente
y siente que está al borde de la muerte.

Yo quisiera comprender cómo opera la justicia,
que arrastra la dignidad del ser humano
que, aun siendo inocente, adentro a uno lo mete de la mano.

Luego, la tortura psicológica: que uno es el culpable,
horas de insultos, acusaciones, amenazas
y nunca una palabra amable.
Yo sentí que me moría y que mi vida se perdía.

Que mi carrera incipiente de escritor,
así como nacía, de pronto moría.
Y yo, que le cantaba a la vida y al amor
y en mis libros le pedía al ser humano que no provocara dolor,
para que fuera cada día mejor,
estaba allí encerrado como un perro apaleado.

Gritaba a cada instante: "¡Yo soy inocente!".
Y por respuesta: "Usted es culpable y no se lamente".
Hoy me pregunto cuántos han pasado lo mismo que yo,
con la diferencia de que allí se han quedado
y la vida y el corazón les han destrozado.

Veinte años después, el hombre era inocente
y sale sin familia y destrozado moralmente.
Quién le devuelve la vida perdida,
si muerta está la ilusión, porque añicos le hicieron el corazón.

EL DOLOR DE LA INJUSTICIA

Hoy al Espíritu Santo gracias le di
por esta mañana en que yo amanecí.
Y escucho el sonar de las campanas
que mi guadalupana toca para mí.

Porque de nuevo yo nací
y me veo extendiendo las alas volando en libertad,
tratando de olvidar del ser humano su maldad.
Y duele mucho cuando se ve que es realidad.

Hay momentos en que no puedo yo creer
estar viendo el nuevo amanecer
y quiero pensar que todo fue una pesadilla,
que en sueños se acababa la vida mía.

Pero por más que trato,
es una realidad vivida que fácil no se olvida.
Creí que a mi familia no la volvería a ver,
porque la ley del hombre mi inocencia no quería creer.

Así se derrumbaba todo mi ser,
pensando que el nuevo día no volvería a ver.
Pero la justicia divina,
que con su luz todo lo ilumina,
me dijo: "Lucha, no te venzas y camina,
que la injusticia todavía no termina.
Y mañana tendrás un nuevo amanecer
para luchar por lo que no tiene que ser".

SALUTACIÓN

En esta hermosa noche
en que la belleza de su color hace derroche,
no cabe duda de que la vida es hermosa
y todo es tan dulce y suave como pétalos de rosa.

Este es el momento de admirar
el camino que estas bellas mujeres, han debido transitar
para alcanzar la corona tan anhelada,
por todas ellas, en sueños deseada.

Tuvieron muchos tropiezos que vencer
pero su constancia, hoy les brinda un nuevo amanecer,
porque el que persevera, alcanza
el triunfo que las llevará a la cumbre de la añoranza.

Así que a ti, hermosísima mujer
espero que este esfuerzo te ayude a crecer
para que nunca decaiga tu autoestima
y nada te detenga hasta alcanzar la cima.

Allí sabrás que el triunfo se busca y se retiene,
que el poder y la inteligencia, de Dios a ti te viene;
esto hará brillar tu nuevo día
y lo verás colmado de dicha y alegría.

Porque el ejemplo, aquí presente está
y por el camino de la dicha te llevará,
y en esta noche veremos coronada la belleza de la mujer
convirtiéndola en la reina del querer.

YESENIA

(Con cariño a una sobrina especial)

Yesenia, bien guardada tenías la sorpresa,
aunque sabemos que el premio llega si a Dios uno le reza.
Y tú, al haber con esfuerzo tu estudio coronado
a tu familia mucho orgullo has regalado.

Es bien difícil obtener un título cuando se trabaja,
pero con constancia y tesón, la recompensa del cielo baja;
y tú has demostrado con gran valentía
que la vida sin estudio, es una causa vacía.

Que tu esfuerzo por llegar sea un ejemplo
para aquellos que sin luchar quieren formar un templo;
aquellos que ni por un momento se ponen a pensar
que en la vida, la recompensa se tiene que ganar.

Tú demostraste cómo se gana un galardón
que hoy enaltece los ideales de tu noble corazón;
que de por vida te llenará de felicidad y orgullo
pues ese merecido triunfo, por siempre será tuyo.

TE OLVIDASTE DE MI

Hoy se me destrozó el corazón
porque no entiendo cosas que no tienen razón;
al ver a tantos ancianos olvidados
por hijos, que en todo momento fueron amados.

Ancianos que en un asilo fueron dejados
para ya nunca más, ser recordados;
que hoy mueren solos con su tristeza,
pues ya nadie por ellos reza

Unos mueren de inmenso dolor
al ver que el tiempo les robó el amor;
a otros el Alzheimer les borró el momento
y no tuvieron tiempo, de exhalar ni un solo lamento.

No permitas que tus padres, pasen por ese tormento,
pues muy triste es dar amor, calor y comprensión
y que luego te rompan el alma sin ninguna compasión
cuando el único pecado ha sido entregar el corazón.

Si supieras cuánto dolor sentí
cuando esas caras llenas de tristeza vi
y al ver rodar de sus rostros el llanto,
supe que muriendo están y te siguen amando tanto.

Si eres uno de los que olvidaron a los que te dieron el ser,
recuerda que la vida te cobrará las maldades del ayer;
y más te hubiese valido no haber nacido,
pues dejaste a los que más te amaron en el olvido.

TRILOGÍA

Aquí le digo adiós a mi trilogía,
versos que llenaron mi vida de melancolía;
poemas que llevan el mensaje del amor,
así como plasman las huellas del dolor.

Que son enriquecidos de dulzura
y también llevan ríos de inmensa amargura.
Porque la vida tiene todo eso,
y lo bueno o lo malo, a la poesía, la convierten en rezo.

Por eso mis versos son una oración
y, si me equivoco, yo les pido su perdón.
Pero si en mi poesía en lo cierto estoy,
en cada palabra expresada yo de ustedes soy.

Porque en mis libros he querido plasmar
del ser humano su dulzura, su amor, su deseo de amar;
como también el desamor, causante del dolor,
o algún camino a corregir para dichoso poder vivir.

Así que aquí despido esta hermosa trilogía
que me enseñó a escribir y a expresar lo que sentía.
Gracias por haberme abierto el camino de poeta y escritor,
pues plasmado ha quedado lo más grande de mi amor.

Hoy emprenderé un nuevo camino a recorrer,
por lo que muy pronto nos volveremos a ver
con historias que te ayudarán a crecer
y harán brillar nuestra vida en un nuevo amanecer.

Últimas obras publicadas por CBH Books

La editorial Cambridge BrickHouse, Inc.
ha creado el sello CBH Books
para apoyar la excelencia en la literatura.
Publicamos todos los géneros, en todos los idiomas
y en todas partes del mundo.
Publique su libro con CBH Books.
www.CBHBooks.com

De la presente edición:
Inspiración (Volumen III)
(Hermosos versos de amor y dolor)
por Germán Toledo
producida por la casa editorial CBH Books
(Massachusetts, Estados Unidos),
año 2010.
Cualquier comentario sobre esta obra
o solicitud de permisos, puede escribir a:
Departamento de español
Cambridge BrickHouse, Inc.
60 Island Street
Lawrence, MA 01840
U.S.A.